J'explore
la haie

de tout près

Conçu par Claude Delafosse
Réalisé par Gallimard Jeunesse
Écrit par Caroline Allaire
Illustré par Pierre de Hugo

GALLIMARD JEUNESSE   MES PREMIÈRES DÉCOUVERTES

À la dernière page de ce livre,
tu trouveras ta « loupe ». Glisse-la
de chaque côté de la page en plastique.
En la déplaçant, tu découvriras peu à peu
tous les détails cachés de l'image !

Es-tu prêt
pour l'exploration de la haie ?
Alors, viens découvrir

le hérisson,
le rouge-gorge,
le papillon petite tortue,
la cétoine dorée,
le mulot et
l'escargot

comme tu ne les as encore jamais vus !

La haie est une clôture composée d'arbustes, d'épines et de branchages entrelacés. La haie sert de limite mais aussi de brise-vent. Elle assure, par la présence du talus et du fossé, une régulation de l'écoulement des eaux.

La haie est le refuge de nombreux animaux qui y trouvent leur nourriture.

Le hérisson

Son dos est recouvert de 5 000 épines pointues comme des aiguilles et remplies de puces.

Dès qu'il se sent menacé, il dresse ses piquants et se met en boule. Surtout actif pendant la nuit, il vit tout seul.

Omnivore, il mange de tout : insectes, chenilles, mille-pattes, limaces, escargots, souris, oisillons et même des vipères !

Le rouge-gorge

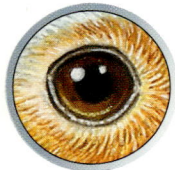 Il a fort mauvais caractère : très batailleur, il ne manque pas une occasion de se mesurer au moindre intrus.

 Il ne mange que des insectes. L'hiver, il s'approche des villes et des villages pour quémander la nourriture, plus rare.

 Il se tient surtout sur le sol ou les branches les plus basses des buissons, en surveillant ce qui se passe sur son territoire.

Le papillon petite tortue

Le papillon se nourrit du nectar des fleurs ; il se sert de ses antennes pour sentir les fleurs, les toucher, les reconnaître.

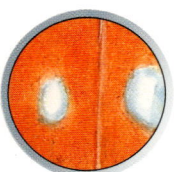
Ses ailes sont couvertes de milliers d'écailles colorées, minuscules et parfaitement rangées, formant de magnifiques motifs.

La femelle pond ses œufs sur les feuilles des orties, régal des chenilles. Les chrysalides se suspendent aux feuilles par des fils de soie.

La cétoine dorée

Elle visite les fleurs. Elle ne butine pas mais ronge tous les organes reproducteurs – étamines et pistils – et même les pétales.

On retrouve tous les feux des pierres précieuses dans les teintes vives et les reflets métalliques de sa carapace.

Les côtés de ses élytres sont largement échancrés, ce qui lui permet de voler les ailes presque fermées. Elle vole en bourdonnant.

Le mulot

Il mange graines, bourgeons, insectes et fruits : il a des dents si solides qu'il peut faire des trous dans les placards !

Bon grimpeur, il peut s'installer dans le nid d'un rapace ou d'un écureuil ! Menacé, il bondit grâce à ses pattes arrière.

Si on essaie de l'attraper par la queue, il vous glisse dans la main et s'enfuit très vite ! Discret, il vit surtout la nuit.

L'escargot

Il a une drôle de tête avec ses « cornes » dressées. À leur extrémité se trouvent deux petites boules noires : ce sont les yeux.

Sa coquille le protège de la pluie, du soleil et du vent mais lui sert aussi de poumon : elle renferme une cavité qui laisse passer l'air.

Sa bave fait une trace brillante et lui permet de mieux se fixer et glisser. L'hiver, il bouche l'entrée de sa coquille avec de la bave.

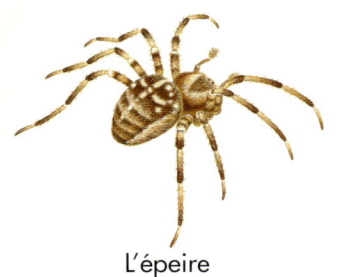
L'épeire

Le monarque

Le lombric

Tu as observé de tout près certains animaux qui vivent dans la haie. Il en existe bien d'autres, en voici quelques-uns.

Très active, la fourmi ramasse graines, miettes et insectes morts. Elle utilise ses antennes pour communiquer.

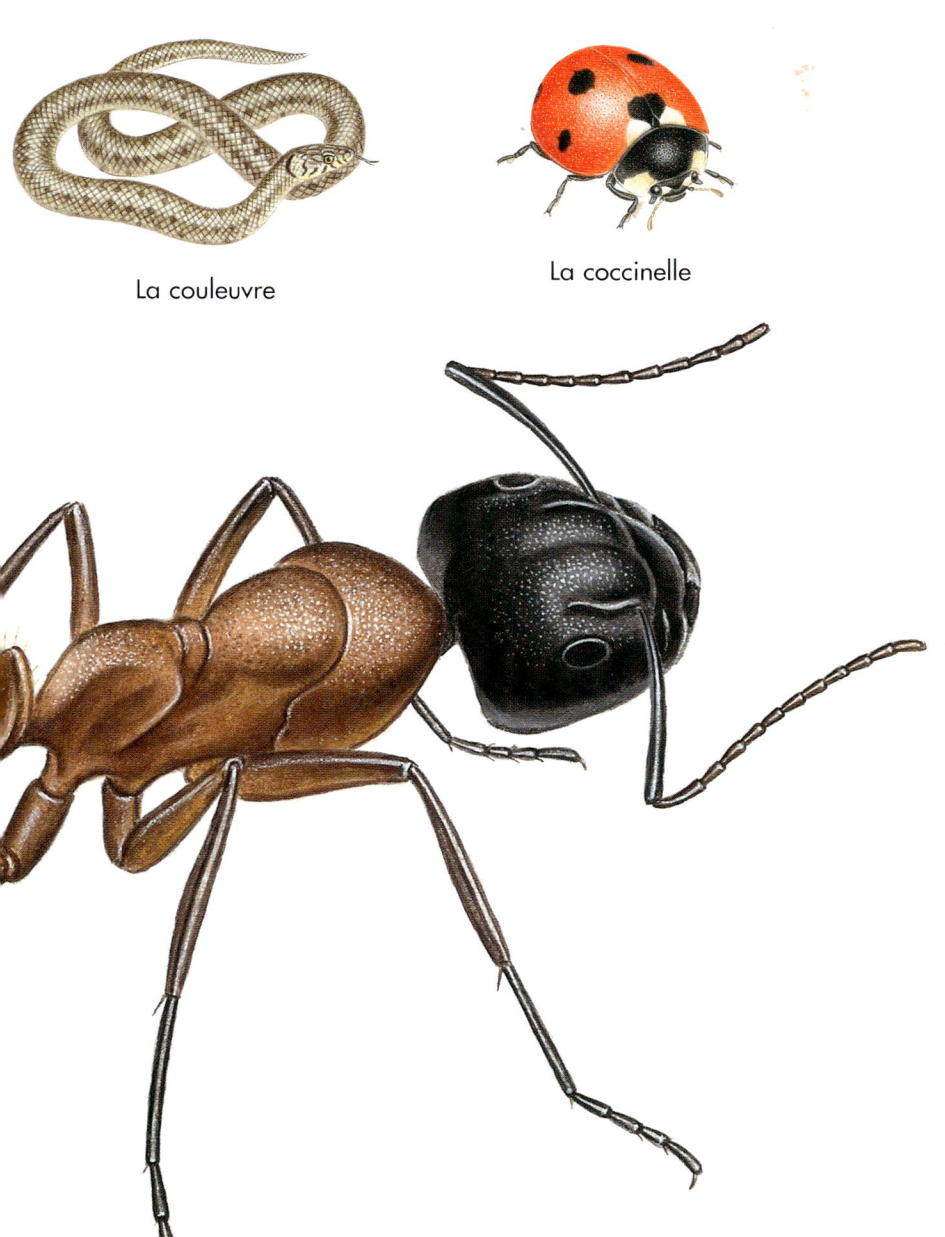

La couleuvre

La coccinelle

La buse

Le hibou

Le crapaud

Le lapin de garenne

La perdrix

Les menus du renard
sont très variés et changent
selon les saisons.

Mes premières découvertes

1. La coccinelle
2. Le temps
3. La pomme
4. La carotte
5. L'œuf
6. L'arbre
7. Le chat
8. La couleur
10. Sous la terre
11. La terre et le ciel
12. L'automobile
13. Le chien
15. L'oiseau
16. Le bord de mer
17. Le château fort
18. L'eau
19. La fleur
20. L'ours
22. L'avion
23. La tortue
24. L'éléphant
25. La souris
26. La baleine
27. Le cheval
28. La maison
30. Le dinosaure
31. Le bateau
32. Le bébé
33. La ferme
34. L'heure
36. La rivière
37. L'image
38. La jungle
39. Plus ou Moins
40. Le singe
41. L'abeille
42. La musique
43. La lumière
44. Le cirque
45. L'aigle
47. Le castor
48. La ville
50. La boîte à outils
51. Le palmier
52. Compter
53. Le sport
55. La pyramide
56. La chouette
57. Les portraits
58. Les paysages
59. Le bestiaire
60. Les tableaux
61. Les dessins fous
62. Les voitures
63. Les monstres
64. Les animaux
65. Les poissons
66. Les têtes
67. Atlas des pays
68. Atlas des plantes
69. Atlas des animaux
70. Atlas des peuples
71. La nature
72. Les maisons
73. La symétrie
74. Les grimaces
75. La mode
76. Cochons & cie
77. La grenouille
78. Le poisson
79. Le loup
80. Les formes
81. Les Indiens
82. Le corps
83. Le train
84. Le pingouin
85. Le Louvre
86. La cathédrale
87. Le chantier
88. Le téléphone
89. Le papillon
90. Atlas du ciel
91. Atlas de la terre
92. Atlas des civilisations
93. Atlas des animaux en danger
94. La sculpture
95. Vincent van Gogh
96. Les vents
97. Les percussions
98. Le plus fort
99. Le tour du monde
100. Noël
101. Le champignon
102. La vache
103. Le magasin
104. La préhistoire
105. La vie du corps
106. Robo Lapin
107. Framboises
108. Henri Matisse
109. Pablo Picasso
110. Les cordes
111. Les claviers
112. Le pain
113. Les bestioles
114. Atlas de France
115. Chapeau magique
116. Sorcière et Chat
117. Petit ogre vert
118. Robo Lapin et les pirates
119. Les pompiers
120. Atlas des îles
121. Fernand Léger
122. Le canard
123. Le loup miaou
124. Méchant loup
125. La planète grise
126. Le vélo de Noémie
127. Les voix
128. L'électroacoustique
135. Avant la naissance
136. Naître
137. L'impressionnisme
138. Les crèches
139. Le football
140. Oscar peint
141. Le nain de jardin
142. Pingouins pas sages
143. Grandir
144. Le vent
145. L'écureuil
146. Vivre ensemble
153. Halloween
154. Être grand
155. Paul Gauguin
156. Le lion
157. Internet
158. Les bruits de la vie
159. L'école maternelle
160. Tom petit fantôme
161. Osley petit squelette
162. Vladimir petit vampire
163. Sorcilia petite sorcière
170. La montagne
171. Le kangourou
172. L'orchestre
173. Le sucre
174. Le carnaval
175. Le lapin
176. Le désert
177. Le camouflage
178. Le lait
179. L'hôpital
184. Toupaille petit épouvantail
185. Lou petit loup-garou
186. Le rap
187. Le crocodile
188. Les cinq sens
189. Les animaux en danger
190. Le rock
192. Les pirates

J'observe
129. La vie sous la ville
130. Les animaux sous la terre
131. Les animaux dans la nuit

132. Les maiso... des insect...
133. Les poisso...
134. Les dinosa...
147. Le corps h...
148. Les grottes
149. Le tombea... égyptien
150. Le ciel et l'...
151. Le musée du Louvre
152. L'attaque du châtea...
164. Paris
165. Les trésors engloutis
166. Le cinéma
167. Le cirque
168. Les portrai... d'Arcimbol...
169. La tournée du Père No...
180. Les métiers de la nuit
181. Le zoo la n...
182. Les spectac...
183. La fête fora...
191. La jungle

Livre-réb...
193. Les dinosa...
194. Le château
195. Les saisons
196. Les transpo...

J'explore de tout p...
197. La mare
199. Le jardin
200. Le bord de...

Responsable éditoriale : **Anne de Bouchony** • Maquette : **Chloé Bureau du Colombie...**

ISBN : 2-07-055154-7
© Editions Gallimard Jeunesse, 2002
Dépôt légal : mai 2002
Numéro d'édition : 06179

Imprimé en Italie par Editoriale Lloyd
Loi n° 49-956 du 16 juillet 1949
sur les publications destinées
à la jeunesse